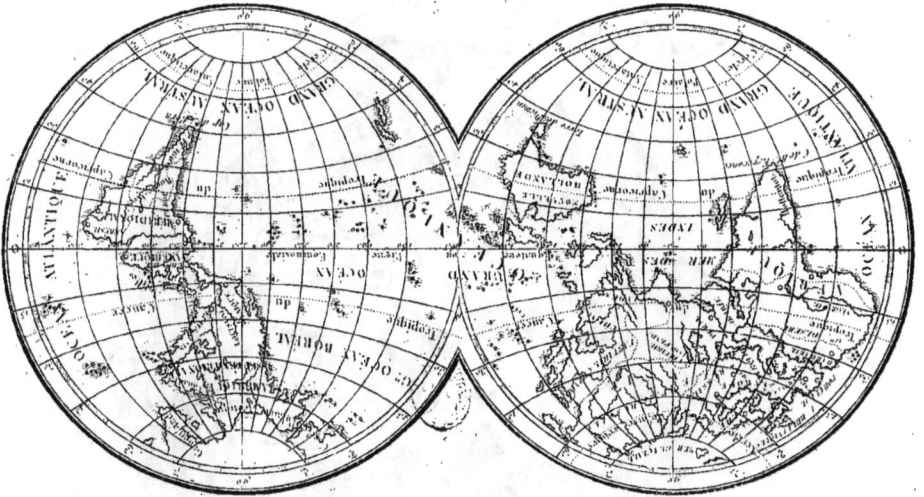

MAPPE MONDE.

ABECEDAIRE
Géographique

Représentant les principaux Peuples de la terre

ET LES

Animaux qui appartiennent aux différents climats

Deuxième Édition

Paris

A LA LIBRAIRIE D'ÉDUCATION D'ALEXIS EYMERY,

Rue Mazarine N° 3o.

182

AVERTISSEMENT.

Ce petit livre ne peut pas contenir tout ce qu'il est nécessaire d'apprendre pour bien connaître la Géographie; mais comme il est destiné aux enfans du premier âge, il a seulement pour but de les familiariser avec les termes de cette science, de leur donner une idée générale de la situation des empires, des royaumes et des principales villes qui se trouvent sur la terre,

et de leur inspirer de bonne
heure le désir d'acquérir des
connaissances indispensables
pour pouvoir lire avec fruit
l'histoire ancienne et l'histoire moderne.

A	B
C	D
E	F
G	H

I	J
K	L
M	N
O	P

Q	R
S	T
U	V
W	X

Ronde.

a b c d e f g h i j
k l m n o p q r s t
u v x y z.

Anglaise.

a b c d e f g

h i j k l m n

o p q r s t u

v x y z.

Lettres liées ensemble.

æ œ fi ffi fl ffl ff ſſ ſi ſſi w.

---

a e i *ou* y o u.

Syllabes.

Ba,	be,	bi,	bo,	bu.
Ca,	ce,	ci,	co,	cu.
Da,	de,	di,	do,	du.
Fa,	fe,	fi,	fo,	fu.
Ga,	ge,	gi,	go,	gu.
Ha,	he,	hi,	ho,	hu.
Ja,	je,	ji,	jo,	ju.
Ka,	ke,	ki,	ko,	ku.
La,	le,	li,	lo,	lu.
Ma,	me,	mi,	mo,	mu.
Na,	ne,	ni,	no,	nu.
Pa,	pe,	pi,	po,	pu.
Qua,	que,	qui,	quo,	qu.
Ra,	re,	ri,	ro,	ru.
Sa,	se,	si,	so,	su.
Ta,	te,	ti,	to,	tu.
Va,	ve,	vi,	vo,	vu.
Xa,	xe,	xi,	xo,	xu.
Za,	ze,	zi,	zo,	zu.

Mots à épeler.

A gneau.

Bar re.

Bos quet.

But te.

Col li ne.

Cô te.

Cou rant.

Dé troit.

É tang.

Fau bourg.

Fleu ve.

Gol fe.

Ha vre.

Her be.

Jar din.

Em pi re.

Roy au me.

Em bou chu re.

Du ché.

Le so leil.

Les é toi les.

Ma rais.

Mai son.

Mon ta gne.

Oi seau.

Pa lais.

Poin te.

Ro cher.

Tor rent.

Trou pe.

Trou peau.

Val lon.

Vil le.

Vol can.

Vil la ge.

Pro vin ce.

Ter rain.

Ter ri toi re.

Phrases faciles.

DIEU a créé le ciel et la terre en sept jours.

On aime les enfans qui cherchent les moyens de s'instruire.

Les paresseux sont détestés.

On récompense ceux qui aiment l'étude.

On punit les méchans et les ignorans.

Soyez bons, on vous aimera.

On peut jouer quand on a fait son devoir.

Il faut secourir les pauvres.

Ne méprisez pas ceux qui ne sont pas aussi riches que vous.

Ecoutez les conseils de vos parens.

Phrases plus longues.

Parmi les connaissances propres à orner la mémoire, la *Géographie* occupe une place distinguée.

On ne peut lire l'histoire, soit ancienne, soit moderne, sans connaître la Géographie.

Cette science étant d'un usage universel, rien n'est plus important que d'en inspirer le goût, et de procurer les moyens qui doivent en faciliter l'étude.

La Géographie ne se borne pas à donner la situation et la distance des lieux, elle fait connaître aussi les mœurs des peuples, leur gouvernement, leurs vertus et leurs vices.

Les peuples policés du globe ont des établissemens fixes, une nourriture très-variée, cultivent la terre, et s'appliquent aux arts.

Plusieurs formes de gouvernement ont été adoptées par les états civilisés; les uns sont gouvernés par un souverain, et se nomment royaumes lorsqu'un roi est à leur tête; ils sont appelés empires lorsque c'est un empereur qui en est le chef; les autres se gouvernent eux-mêmes, et se donnent le nom de *républiques*.

Les petits états unissent quelquefois leurs forces et leurs intérêts, sous le nom de *confédérations*.

Des Accens.

Les accens sont de certaines marques que l'on met sur les voyelles pour les faire prononcer d'un ton plus fort ou plus faible.

Il y a trois sortes d'accens, savoir, l'accent aigu (´), l'accent grave (`) et l'accent circonflexe (^).

L'accent aigu se met sur tous les *e* fermés, comme dans *vérité, amitié*, etc.

L'accent grave se met sur les *e* ouverts, comme dans *procès, après, accès*, etc.

L'accent circonflexe ne doit se mettre que sur les voyelles longues, comme dans *probléme, côte, pâte*, etc.

Des *Voyelles longues* ou *brèves*.

On appelle voyelles longues celles sur lesquelles on appuie plus long-temps en les prononçant.

Les voyelles brèves sont celles sur lesquelles on appuie moins long-temps.

A est long dans *mâle*, et il est bref dans *malle*.

E est long dans *tempéte*, et il est bref dans *trompette*.

I est long dans *gîte*, et il est bref dans *petite*.

O est long dans *apôtre*, et il est bref dans *dévote*.

U est long dans *flûte*, et il est bref dans *butte*.

Maintenant que vous commencez à lire couramment, mes petits amis, je vais vous donner quelques notions de Géographie, comme je vous l'ai promis.

Nous diviserons notre travail par leçons, afin de ne pas surcharger votre mémoire. Il faudra bien vous appliquer à retenir ces leçons; et le seul moyen d'y parvenir, c'est de les apprendre par cœur. La Géographie est d'ailleurs une science qui peut vous être utile dans toutes les circonstances de la vie : il est donc de votre intérêt de la bien savoir.

NOTIONS

DE

GÉOGRAPHIE.

~~~~~~

I.re LEÇON.

Définition du Globe.

La Géographie est la description de la
terre. On donne le nom de globe à la terre,
à cause de sa rondeur. Ce globe forme deux
hémisphères ou demi-globes, l'un oriental,
et l'autre occidental; ces deux hémisphères
mis à côté l'un de l'autre, font ce que l'on
appelle mappemonde.

La surface de la terre est divisée en terre
et en eau. L'étendue de ce que l'on connaît
de terre n'est pas si grande que celle de l'eau;
mais comme il y a encore des terres inconnues,
on ne peut assurer laquelle de ces deux sur-
faces a le plus d'étendue. Cette surface contient l'Europe, l'Asie, l'Afrique et l'Amérique.

L'orient ou l'est, par rapport à nous, est
le lever du soleil; l'occident ou l'ouest, l'endroit où il se couche ; le septentrion ou le
nord, le côté froid; et le midi ou le sud, le
côté chaud.

Les quatre petits cercles d'une sphère partagent le globe en cinq parties, que l'on appelle zones. Un autre cercle coupe aussi en deux parties égales la terre, et en outre l'équateur, mais en passant par les deux pôles : ce cercle se nomme le *méridien*.

Des cinq zones, l'une est nommée torride ou brûlante ; deux sont tempérées, et deux froides ou glaciales.

II.ᵉ LEÇON.

Explication de plusieurs termes usités dans la Géographie.

Anse, espèce de golfe peu profond, c'est-à-dire, une petite portion de mer qui s'avance dans les terres.

Archipel, étendue de terre entrecoupée de plusieurs îles.

Baie, espèce de golfe où les vaisseaux sont à l'abri de certains vents.

Bancs. On donne ce nom à une roche cachée sous l'eau, ou à un grand amas de sable dans la mer. Il y a des bancs de sable et des bancs de rocher.

Cap, *Promontoire*, pointe de terre élevée qui s'avance dans la mer.

Cataracte ou *saut*, chute des eaux d'une grande rivière, lorsque ces eaux tombent d'extrêmement haut. Le Nil a ses cataractes.

Colline, petite montagne qui s'élève en pente douce au-dessus d'une plaine.

Continent, nom donné à un espace qui contient plusieurs grandes terres jointes ensemble ; il est entouré d'eau et renferme différentes nations.

Coteau, penchant d'une colline.

Côtes, les rivages de la mer, les terres qui bornent la mer. On dit une côte pleine d'écueils, pleine de bancs.

Courans, divers endroits de la mer où l'eau court rapidement d'un certain côté. *Il y a de dangereux courans sur cette côte.*

Détroit, on donne ce nom à un bras de mer ou portion de mer resserrée des deux côtés par les terres, et qui ne laisse qu'un petit passage pour aller d'une mer à une autre. Le détroit qui sépare la France de l'Angleterre s'appellé le *Pas-de-Calais.* Le détroit le plus fréquenté est celui de Gibraltar, qui sépare l'Europe de l'Afrique, et joint la Méditerranée à l'Océan.

Écueils, rochers dans la mer, qu'on n'aperçoit pas, et contre lesquels les vaisseaux se brisent quelquefois.

Étang, amas d'eau soutenu par une chaussée, et dans lequel on nourrit ordinairement du poisson.

Fleuves, Les rivières et les fleuves sont des amas d'eaux qui coulent toujours, et dont ou connaît la source et l'embouchure. La source d'un fleuve ou d'une rivière est l'endroit où ils commencent à couler. L'embouchure est l'endroit où un fleuve ou une rivière porte ses eaux dans la mer. Le nom de rivière, quoique commun au fleuve et à la rivière, se distingue de la manière suivante : le fleuve est une grande rivière qui porte son nom jusqu'à la mer, au lieu que la rivière le perd ordinairement en se jetant ou dans un fleuve ou dans une rivière plus grande. Les rivières et les fleuves sortent toujours du milieu ou du bas des montagnes.

Golfe, portion de mer qui s'avance dans les terres ; tels sont le golfe de Venise, le golfe de Lyon, etc.

Havre, golfe, anse ou *enfoncement* d'un bras de mer dans les terres, où les vaisseaux peuvent faire leur décharge, prendre leur chargement, et se mettre à l'abri des tempêtes.

Ile, espace plus ou moins grand de terre, entouré d'eau de tous côtés, mais bien moins considérable qu'un continent.

Lac, grand amas, grande étendue d'eau qui n'a d'issue que par une rivière, ou par quelques canaux souterrains.

Marais, terres abreuvées de beaucoup d'eaux qui n'ont point d'écoulement. On appelle marais salans des marais où l'on fait venir de l'eau de la mer pour en extraire le sel.

Mers, amas des eaux qui environnent la

terre et qui la couvrent en plusieurs endroits.
On appelle Océan la grande mer qui entoure
les continens. Les mers que l'on appelle inté-
rieures sont celles qui traversent les terres, et
de ce nombre sont la *Méditerranée*, la mer
Noire et la mer *Rouge*. On ne doit pas
juger de la couleur des mers par les noms
qui leur ont été donnés. Les eaux de la mer
Rouge n'ont point du tout cette couleur; elle
a été ainsi nommée à cause de la couleur de
son sable. Les eaux de la mer Blanche parais-
sent noires, et celles de la mer Noire parais-
sent blanches. On a donné au Pont-Euxin le
nom de mer Noire, parce que la navigation
y est très-dangereuse, et que le mot *noire* est
un nom de deuil.

Montagne, éminence de terre fort considérable qui s'élève au-dessus de tout ce qui
l'environne; elle est ordinairement remplie
d'inégalités et de cavités.

Port, lieu propre à recevoir les vaisseaux
et à les tenir à l'abri des tempêtes. Un port
est ordinairement l'ouvrage des hommes, à la
différence du hâvre, qui est formé par la nature.

Presqu'île ou *Péninsule,* terre presque
entourée d'eau, et qui tient au continent par
un bout, par une langue de terre. On donne
le nom d'*isthme* à la langue de terre qui joint
une presqu'île à un continent, ou qui joint
deux continens.

Rade, espace de mer à quelque distance

de la côte , où les vaisseaux peuvent jeter l'ancre , et demeurer à l'abri de certains vents , quand ils ne peuvent entrer dans le port.

Rocher, amas de pierres élevé, ou sur le bord de la mer ou dans une plaine , ou même dans des forêts, dans des îles , etc.

Torrent, courant d'eau rapide qui provient ordinairement des orages ou de la fonte des neiges , et ne dure que quelque temps.

Vallée, espace de terre entre deux ou plusieurs montagnes, ou pays situé au pied de quelque montagne ou de quelque côte. Un *vallon* est une petite vallée.

En voilà assez pour aujourd'hui , mes enfans. Retenez bien tout ce que nous avons dit, afin d'être plus en état de me comprendre par la suite. Je me mettrai toujours le plus possible à la portée de votre petite intelligence.

III.ᵉ LEÇON.

L'EUROPE.

L'EUROPE est située sous la zone tempérée de l'hémisphère septentrional. Cette partie de la terre , la première et la plus belle , est bornée au nord par la mer Glaciale , au sud par le détroit de Gibraltar et la mer Méditerranée, qui la séparent de l'Afrique ; à l'est par le détroit de Gallipoli, la mer Noire, le Don et les monts Uraliens, qui la séparent de l'Asie ; et à l'ouest par l'Océan.

On divise l'Europe en plusieurs grandes régions, mais on les comprend toutes par les divisions qui suivent ; la première sera le sujet de notre quatrième leçon.

IV.ᵉ LEÇON.

Allemagne.

L'ALLEMAGNE ou l'ancienne Germanie, située au milieu de l'Europe, est bornée par la mer Baltique, la Prusse, la Pologne, la Hongrie, l'Italie et la France. L'Allemagne se compose de plusieurs royaumes ou états plus ou moins considérables : l'empire d'Autriche, y compris les royaumes de Bohême et de Hongrie ; les royaumes de Prusse, de Hanovre, de Bavière, de Saxe et de Wurtemberg ; les villes libres et anséatiques de Francfort, Brème, Hambourg et Lubeck en forment la plus grande partie. La confédération germanique se compose du grand-duché de Bade, de la Hesse électorale, et d'une foule d'autres petits états qu'il serait trop long de vous détailler.

Le royaume de Saxe a Dresde pour capi-

狼

tale. Cette ville renferme 60 mille habitans.

Leipsick, ville belle et commerçante, est une de plus importantes de ce royaume, à raison de sa population de 32,000 âmes, et des deux foires considérables fréquentées par tous les marchands de l'Europe.

Stuttgard est la capitale du royaume de Wurtemberg.

V.ᵉ LEÇON.

Angleterre ou *Iles Britanniques*.

L'ANGLETERRE et l'Ecosse ne sont qu'une même île ; l'Irlande en forme une autre. La première n'est séparée de la France que par un détroit que l'on nomme le *Pas-de-Calais*.

On divisait anciennement l'Angleterre en huit provinces ou royaumes, et actuellement on la divise en quarante comtés ou *shire*.

Londres, capitale de toute l'Angleterre, est une des plus grandes villes, des plus peuplées et des plus commerçantes de l'Europe. Elle est remplie de beaux édifices. C'est le siége du gouvernement. On y compte près d'un million d'âmes ; elle est sur la Tamise. Les plus grands vaisseaux remontent par ce fleuve jusque dans la ville.

Outre les établissemens de tous genres que cette superbe ville renferme, on y remarque des hôpitaux magnifiques ; et des écoles publiques où l'on enseigne gratis toutes sortes de métiers aux pauvres.

Edimbourg est la capitale de l'Ecosse, et Dublin de l'Irlande.

Les plus grandes villes de l'empire britannique, après celles que nous venons de citer, sont : Bristol, Newcastle ; Cantorbéry, dont l'archevêque est primat et premier pair du royaume. Plimouth, Liverpool, avec de beaux ports ; Manchester, Birmingham, villes très-commerçantes ; Corck et Limerick, en Irlande ; Glascow, célèbre par son université.

Le Hanovre et l'évêché d'Osnabruck forment actuellement un royaume dont le roi d'Angleterre est le souverain.

~~~~~~~~~~~~~~~~~~~~~~~~~~~~~~

VI.ᵉ LEÇON.

Autriche.

CET empire se compose de plusieurs états, savoir : l'Autriche, le duché de Styrie, la principauté de Saltzbourg, la Bohême, une partie de la Carinthie, la Gallicie, la Hongrie, une partie de la Croatie, la Transilvanie, et une partie de la Silésie ; le Tyrol.

Elle possède en Italie la Lombardie, l'état de Venise, dont l'Istrie fait partie.

Le climat de l'Autriche est chaud, et le sol produit du vin, du safran, du marbre, du sel et des pierres meulières.

Cet empire compte à peu près 20 millions

d'habitans, sans y comprendre les possessions italiennes.

Vienne, sur le Danube, est la capitale de cet empire et la résidence de l'empereur d'Autriche : elle est la plus grande ville des possessions autrichiennes. Elle n'a qu'une seule grande rue, appelée *Herrenstrasse* : les autres rues, ainsi que les places publiques, sont étroites et irrégulières ; mais il y a des édifices superbes, entr'autres le palais impérial. Sa population est de 260,000 habitans.

Prague est la capitale de la Bohême, et Presbourg celle de la Hongrie. On y compte quelques autres villes importantes, telles que Lintz, sur le Danube ; Gratz, chef-lieu de la Styrie ; Saltzbourg, capitale de la principauté de ce nom ; Olmutz, en Moravie ; Clagenfurth, en Carinthie ; Capo d'Istria, capitale de l'Istrie ; Venise, capitale des états Vénitiens ; Milan, capitale de la Lombardie ; Lemberg, chef-lieu de la Gallicie. Outre ces villes, l'Autriche en renferme un grand nombre d'autres qui, par leur commerce et par leur population, ne sont pas moins intéressantes.

VII.ᵉ LEÇON.

Bavière.

Ce petit royaume a Munich pour capitale. Elle est située sur l'Iser, et renferme 56,000 habitans.

Parmi les villes les plus considérables, sont:
Nuremberg, de 50,000 âmes, renommée par
ses diverses fabriques ;

Ratisbonne, sur le Danube.

~~~~~~~~~~~~~~~~~~~~~~~~~~~~~~~~~~~~~~

VIII.e LEÇON.

Danemarck.

LE Danemarck se divise en terre ferme à
l'occident et en îles à l'orient. La terre ferme
consiste dans le Jutland. L'air y est froid,
mais assez sain.

Les îles du Danemarck sont presque toutes
dans la mer Baltique ; l'Islande et la Fionie
en font partie.

Le Danemarck se divise en sept districts ou
stifler, dont chacun a un gouverneur et un
évêque. Les îles forment trois districts, et les
possessions continentales les quatre autres.

Copenhague est la capitale du Danemarck.
Sa population est évaluée à 84,000 âmes.

Cette ville a un bon port, défendu par une
citadelle. Elle est divisée en quatre quartiers,
dont trois ont de belles rues bordées en grande
partie par des maisons neuves ; le quatrième
contient la vieille ville : auprès de l'un d'eux
est la *ville des matelots*, composée de plus
de mille baraques.

Copenhague renferme plusieurs beaux édifices publics. On y admire le nouveau mar-
ché royal, décoré de la statue de Chrétien V.

Espagnols.

Suisses

Russes

On trouve dans ce royaume beaucoup de bœufs et de chevaux. Il y a aussi une grande quantité de cerfs et de gibier. La pêche y est très-bonne, surtout celle des harengs.

Les autres villes principales du Danemarck sont : Helsingor, Odensée en Fionie, et le duché de Holstein, dont Altona sur l'Elbe est la capitale.

~~~~~~~~~~~~~~~~~~~~~~~~~~~~

IXe. LEÇON.

Espagne.

CE royaume est le pays le plus méridional de l'Europe. Il est borné au nord par la France et par l'Océan, à l'est par la mer Méditerranée, au sud encore par la mer, et à l'ouest par le Portugal et par l'Océan. C'est une péninsule divisée en plusieurs provinces très-considérables, qui formait autrefois plusieurs royaumes. Le fils aîné du roi prend le titre de prince des Asturies.

L'air en Espagne est généralement bon et tempéré, mais un peu chaud et sec. Le terroir y est très-fertile, surtout en excellens vins, en fruits, en huile, etc. On tire de l'Espagne des chevaux fort estimés, et des laines les plus fines de l'Europe. Les provinces de Valence, Murcie, Grenade et d'Andalousie fournissent beaucoup de soie.

Les principaux fleuves de ce royaume

sont : le Tage, le Guadalquivir, la Guadiana et l'Ebre.

Madrid est la capitale de l'Espagne. Cette ville est belle et bien peuplée ; on y compte cent cinquante - six mille habitans. Elle est arrosée par le Mançanarès, qui, n'étant qu'un ruisseau en été, grossit prodigieusement en hiver.

Il y a en Espagne beaucoup d'autres grandes villes dont le commerce et la population sont considérables.

X.ᵉ LEÇON.

France.

LA situation de la France, au milieu de la zone tempérée, est la plus belle et la plus agréable ; l'air en est pur et sain ; ce pays est très - peuplé et ne compte pas moins de vingt-cinq millions d'âmes. L'activité et l'industrie de ses habitans, les lois de l'État, la bonté du terrain, la salubrité de l'air, tout contribue à sa fertilité.

Plusieurs grands fleuves l'arrosent ; ce sont : la Seine, la Garonne, le Rhône, la Loire et le Rhin.

Deux grandes chaînes de montagnes la traversent dans différentes directions ; les Pyrénées, au midi, la séparent de l'Espagne, et les Alpes, au sud - est, la séparent de l'Allemagne, de l'Italie et de la Suisse.

La France est divisée en quatre-vingt-six départemens, administrés par des préfets.

Paris est la capitale de la France. Cette ville, l'une des plus peuplées (on y compte plus de six cent mille âmes) et des plus grandes du monde, est située sur la Seine. Les édifices en sont magnifiques. C'est le centre du gouvernement, du goût, des arts et des lettres. Le roi y fait sa résidence.

La France renferme en outre plusieurs autres grandes villes, telles que Marseille, Lyon, Bordeaux, Nantes, Toulouse, Rouen, Brest, etc., et possède plusieurs ports de mer très-importans, où il y a des chantiers de constructions pour la marine de l'État. Les principaux sont :

Boulogne.	Le Hâvre.
Brest.	Marseille.
Cherbourg.	Rochefort.
Dunkerque.	Toulon.

XI.e LEÇON.

Italie.

L'ITALIE, séparée par les Alpes de la France et de la Suisse, est une grande presqu'île, dont la forme a quelque rapport avec celle d'une botte.

Le climat de l'Italie est généralement sain et tempéré, quoique l'été y soit fort chaud et l'hiver très-pluvieux. La terre y est très-fertile en tout ce qui est nécessaire à la vie.

Les principaux fleuves ou rivières de l'Italie sont : le Pô, le Tibre, la rivière de l'Arno, etc.

Rome, si célèbre dans l'histoire, est la plus belle ville de l'Italie; elle est assise sur douze collines et traversée par le Tibre. On y trouve une foule de beaux monumens qui attestent son ancienne grandeur. On n'y compte plus qu'environ cent soixante mille âmes de population. C'est la capitale des États du souverain pontife.

Une grande partie de l'Italie, la Lombardie, fait partie des États de l'empereur d'Autriche; la capitale est Milan, ville très-ancienne, fondée par les Gaulois. Elle est remplie de beaux palais et d'édifices superbes. Sa population est de cent trente mille habitans.

La partie méridionale de l'Italie forme le royaume des Deux-Siciles, dont Naples est la capitale. On évalue la population de cette ville à quatre cent trente mille habitans. Aux environs se trouve le mont Vésuve, qui vomit quelquefois des torrens de flammes, de soufre, de métaux et de minéraux mis en fusion.

Non loin de là sont les deux anciennes villes de Portici et d'Herculanum, qui ont été ensevelies sous les cendres du Vésuve.

La Sicile est séparée du royaume de Naples par le détroit de Messine. Palerme est le chef-lieu de cette île, où se trouve l'Etna, qui est un volcan aussi dangereux que le Vésuve.

On trouve encore en Italie d'autres belles villes, telles que Brescia; Bologne, fameuse par son université; Florence, capitale du grand-duché de Toscane, dont le souverain est un archiduc d'Autriche, etc.

On doit distinguer encore,

1.° La ville de Venise, bâtie sur plusieurs îles et bas-fonds sur le golfe de l'Adriatique : elle est entrecoupée d'un grand nombre de canaux que l'on remonte ou traverse ordinairement en gondoles, quoiqu'il y ait 400 ponts, dont celui de Rialto est le plus remarquable. Ce pont, large de 90 pieds et haut de 24, repose sur 12,000 pilotis et a deux rangs de boutiques. Venise a beaucoup d'édifices très-remarquables, et une population de 150,000 âmes. C'est la capitale des États vénitiens qui font aujourd'hui partie des possessions de l'empereur d'Autriche ;

2.° La ville de Gênes ;

3.° Turin, capitale du Piémont ;

4.° Parme, capitale du duché de ce nom, qui, avec le duché de Plaisance, fait un état séparé.

Les îles Ioniennes, situées sur la côte de Turquie, forment un état séparé sous la protection de l'Angleterre.

Corfou est la plus grande de toutes. On distingue aussi Céfalonie, Zante, Cérigo et Théaki, l'ancienne Ithaque.

XII.e LEÇON.

Pays-Bas et Hollande réunis.

CES deux états forment un nouveau royaume avec le duché de Luxembourg. Bruxelles est la capitale des Pays-Bas, et Amsterdam de la Hollande. L'ancien Stathouder de la Hollande, prince de la maison d'Orange, en est aujourd'hui le souverain.

XIII.e LEÇON.

Portugal.

CE royaume est borné au nord par la Galice au sud, et à l'ouest par l'Océan, et à l'est par le Léon, l'Estramadure et l'Andalousie.

L'air y est sain et tempéré durant la plus grande partie de l'année ; mais en été les chaleurs y sont extrêmes.

C'est de ce royaume que nous viennent les bonnes oranges, et les grenades, qui y sont exquises.

Les principaux fleuves du Portugal sont : le Tage, le Duéro, le Minho, le Lima, le Sado, qui prennent leurs sources en Espagne.

Lisbonne est la capitale de ce royaume : elle est bâtie sur plusieurs collines un peu au-dessus de l'embouchure du Tage ; elle a

environ deux cent soixante mille habitans.
— En 1775, il y eut un tremblement de
terre qui la détruisit presque tout entière.

Les autres villes du Portugal sont peu considérables et peu populeuses.

Le Portugal est riche en productions na-
turelles ; il offre beaucoup d'eaux minérales
et thermales : ses mines et ses carrières recè-
lent de l'argent, du plomb, du fer, de beaux
marbres, des améthystes. La végétation, dans
ce pays, est aussi variée qu'abondante ; mais
l'agriculture y est très-négligée, et la moi-
tié du territoire portugais est en friche.

XIV.e LEÇON.

Prusse.

Ce royaume est situé entre l'Allemagne, la
Baltique et la Russie. L'air y est froid et peu
sain. C'est un pays entrecoupé de marais et
de bois. Dans quelques endroits, il y a des
forêts qui renferment beaucoup de gibier.

La Prusse possède une partie de la Silésie,
de la Poméranie et de l'ancien électorat de
Brandebourg.

Berlin est la capitale de ce royaume, et a
cent trente mille habitans.

Le territoire de la Prusse est assez fertile ;
il produit surtout beaucoup de lin, de chan-
vre, de tabac, de houblon et de la tourbe ;

l'ambre jaune est le seul minéral qu'on y recueille. Le grand-duché de Berg, le pays de Liége, les anciens électorats de Trèves et de Cologne en font aujourd'hui partie.

XV.ᵉ LEÇON.

Russie.

CET empire est situé à l'extrémité nord de l'Europe. Il est borné de ce côté par la mer Glaciale, au sud, par la Turquie et la mer Noire ; et à l'ouest, par la Suède, la mer Baltique et le grand-duché de Varsovie. La Russie, qui s'étend dans l'Asie, est bornée à l'est par la mer qui la sépare du continent de l'Amérique.

Cet empire, qui occupe le tiers de l'Europe et plus du quart de l'Asie, est si vaste, qu'il est difficile d'en déterminer au juste l'étendue superficielle.

L'air y est généralement très-froid, mais vers le midi il est un peu plus tempéré.

Dans la partie septentrionale, on trouve beaucoup d'ours, de renards, de rennes, d'hermines et de martres-zibelines.

L'hermine est un petit animal qui a le poil extrêmement blanc et le bout de la queue noir. On en fait des fourrures très-précieuses.

La martre-zibeline est une espèce d'hermine dont le poil est roux. Ces deux animaux ressemblent beaucoup à nos belettes.

Saint-Pétersbourg, à un quart de lieue de

l'embouchure de la Newa, est la résidence des empereurs de Russie. Cette ville, fondée par Pierre-le-Grand, est maintenant une des plus belles et des plus grandes de l'Europe. sa population est évaluée à deux cent quarante mille âmes.

Moscow est la capitale de la Russie. Cette ville, sur la rivière du même nom, est bâtie sur plusieurs collines. Sa population, qui en hiver est de trois cent mille âmes, n'en compte que deux cent mille en été. On y voit les tombeaux des czars. Czar est un titre qu'on donnait autrefois au monarque de Russie.

La Russie renferme encore plusieurs autres grandes villes, dont les principales sont : Bukarest, Riga, Jassi, Cazan, Kiew, Archangel, Pultawa, célèbre par la bataille de 1709, dans laquelle le roi de Suède, Charles XII, fut défait par Pierre-le-Grand.

La Finlande est actuellement une province russe.

La Pologne forme actuellement un royaume particulier, dont l'empereur de Russie est le souverain ; Varsovie en est la capitale.

Les possessions des Russes en Asie sont immenses. C'est là qu'est situé, entre la mer Glaciale et le Kamchatka, le vaste pays qu'on appelle Sibérie. Le climat en est trèsfroid. On y trouve beaucoup d'animaux à fourrures. Dans le nord de ce pays est la race des Samojèdes, peuple qui semble offrir la dégénération du genre humain. Les hommes ont tout au plus quatre pieds de haut, et leurs traits ne présentent presque rien de la beauté primitive de l'homme.

XVI.ᵉ LEÇON.

Sardaigne.

CE royaume se compose,

1.° De l'île de Sardaigne, qui lui donne son nom, et dont *Cagliari*, ville de trente-cinq mille âmes, avec un port sur le golfe, est la capitale ;

2.° Du comté de Nice ;

3.° Du Piémont ;

4.° De l'état de Gênes ;

5.° De la Savoie.

Turin, sur le Pô, est la capitale du Piémont, et la résidence du roi de Sardaigne.

Gênes, capitale de l'état de ce nom, renferme soixante-quinze mille habitans. Elle est renommée par son ancienneté, son commerce et ses manufactures.

Chambéry est la capitale de la Savoie.

XVII.° LEÇON.

Suède.

CE royaume est situé au nord-ouest de l'Europe. Il est borné par la Norwège, la Russie, la mer Baltique et le golfe de Bothnie.

L'air y est extrêmement froid, mais fort
sain. L'hiver y dure neuf mois de l'année, et
l'été les trois autres. La terre y est peu fertile
en blé, mais elle ne manque ni de pâturages ni
de bois. On trouve en Suède quantité d'ours,
de renards, d'aigles, de faucons et d'autres
oiseaux de proie. Les fleuves et les lacs four-
millent de cygnes. La pêche y est abondante,
surtout celle des saumons et des harengs. La
Suède vend tous les ans aux autres nations
cent cinquante et jusqu'à deux cent mille ton-
nes de harengs : la tonne en renferme mille.

Stockholm, dont la population est de qua-
tre-vingt-dix mille habitans, est la capitale du
royaume de Suède. Ses églises et ses palais
sont ordinairement couverts en cuivre.

La Suède renferme encore d'autres villes,
dont quelques-unes sont assez importantes,
tant par leur commerce que par leur population.

On y remarque Upsal, dont les rues sont
larges et bien pavées ; mais la plupart des maisons sont construites en poutres, et couvertes
d'un toit de gazon. Cette ville, très-ancienne,
offre plusieurs édifices gothiques remarquables ; sa cathédrale est l'église la plus riche de
la Suède. L'université d'Upsal est célèbre.
Cette ville présente en outre plusieurs établissemens favorables à l'étude des sciences.

La Finlande ne fait plus partie du royaume
de Suède. Elle a été réunie à la Russie ; mais
cette puissance a obtenu la Norwège en com-
pensation.

Christiana et Bergen sont peu considérables; mais la dernière est la plus importante par son commerce et sa population, qui est de 18,000 âmes.

~~~~~~

XVIII.ᵉ LEÇON.

Suisse.

Ce pays, le plus élevé de l'Europe, est borné par la France, l'Italie et l'Allemagne. Il est traversé par la chaîne des Alpes, dont les plus hauts sommets sont toujours couverts de neiges et de glaces, qui ne fondent jamais entièrement pendant l'été. C'est de ces montagnes que partent les sources des plus grands fleuves de l'Europe, tels que le Danube, le Rhin et le Rhône.

C'est sur le mont Saint-Gothard, l'une des montagnes au centre de la Suisse, que l'on trouve le fameux *pont du Diable*, construit entre des rochers escarpés et sur des abîmes affreux, ainsi que la belle vallée d'Unsern, à laquelle on parvient par une galerie longue de 200 pieds, et pratiquée dans un rocher de granit.

L'air de la Suisse est sain, mais froid. Le terroir y est fort montagneux et peu fertile, excepté dans les vallées, où il y a d'excellens pâturages qui nourrissent une grande quantité de brebis et de genisses dont le lait produit d'excellens fromages.

Les principales villes de la Suisse sont:

Arau, Berne, Bâle, Lucerne, Lausanne, Zurich, Saint-Gall, Constance, Glaris, Neufchâtel, chef-lieu de la principauté de ce nom; Turgau, Schwitz, Soleure, Schaffouse. A une lieue de cette dernière ville est la fameuse cataracte du Rhin, haute de quatre-vingts pieds, et une des plus belles que l'on puisse voir; et Genève, qui fait aujourd'hui partie de la confédération Suisse.

Nulle part les sites pittoresques ne se trouvent rapprochés comme en Suisse, toutes les beautés et toutes les horreurs de la nature semblent y être rassemblées.

XIX.ᵉ LEÇON.

La Turquie.

La Turquie est bornée par la Russie, la Hongrie, la Dalmatie, l'Illyrie, la mer Méditerranée et la mer Noire.

L'air y est généralement sain et tempéré, et la terre y est très-fertile.

Le souverain de la Turquie se nomme sultan; on l'appelle communément le Grand-Turc ou le Grand-Seigneur.

Constantinople est la capitale de la Turquie d'Europe et de tout l'empire ottoman, qui est partagé en deux parties, dont l'une occupe le sud-est de l'Europe, et l'autre le sud-ouest de l'Asie. Cette ville, l'une des plus belles de l'Europe, est située dans une presqu'île, sur

là mer de Marmara. On y compte quatre à cinq
cent mille habitans, dont cent mille Grecs.

L'empire turc renferme plusieurs autres
grandes villes très-populeuses et fort commerçantes ; les principales sont : Andrinople, Phi-
lippople, Sophia, Salonique, Scutari, Tripoli, Ismaïl, Tunis, Alep ; le Caire en
Egypte, Mosul, Damas, etc.

La Turquie comprend les pays les plus fameux de l'antiquité, tels que la Grèce, la
Macédoine, la Thrace, la Mésie, une partie
de l'Illyrie et de la Sarmatie. Ces contrées fu-
rent comprises dans l'empire d'Orient jusqu'à
ce que les Turcs, peuples venus d'Asie, les
subjuguèrent et y établirent leur empire en
1453. Constantinople en fut la capitale. Le
mahométisme est la religion dominante en
Turquie, qui n'a d'autre code civil et reli-
gieux que l'Alcoran.

XX.ᵉ LEÇON.

L'ASIE.

L'ASIE, cette vaste partie du monde, est
bornée au nord par la mer Glaciale, au sud
par la mer des Indes, à l'est par la mer du
Sud, et à l'ouest par la Russie, la Turquie
d'Europe, la mer Méditerranée, l'Egypte et
la mer Rouge.

L'Asie produit du blé, du riz, du vin, des
fruits excellens, des plantes, des simples, et

Chinois

Géorgiens

Mogols

quantité d'arbres à épices. On en tire aussi de l'or, de l'argent, des perles, des pierreries, de l'ivoire, du café, de l'encens, du thé, etc.

On y trouve des éléphans, et quoiqu'il y en ait beaucoup plus en Afrique, l'Asie paraît être naturellement leur patrie. Cet animal est le plus grand des quadrupèdes, comme la baleine est le plus grand des animaux à nageoires, et l'autruche le plus grand des oiseaux. L'éléphant est le premier de tous les animaux terrestres. Il a l'intelligence du castor, l'adresse du singe, le sentiment du chien. Cet animal consomme plus en huit jours pour sa nourriture que ne consommeraient trente personnes. Il est d'un naturel doux, et jamais il n'abuse de sa force; il porte sur son dos, sur son cou et sur ses défenses toutes sortes de fardeaux d'un poids énorme. En Perse et aux Indes les grands seigneurs voyagent sur des éléphans, sur le dos desquels on dispose de larges pavillons richement dorés. On leur fait aussi porter des tours dans lesquelles on place plusieurs hommes armés pour la guerre.

Les Asiatiques sont en général fort indolens, oisifs et efféminés, à l'exception de quelques montagnards et des Tartares. Ils sont blancs, mais il y en a aussi d'olivâtres et de presque noirs.

C'est dans cette partie du monde qu'est né notre père Adam, le premier homme.

Il y a en Asie un lac si grand, qu'on lui a donné le nom de mer Caspienne.

Ses principaux fleuves sont : le Tigre et l'Euphrate, dans la Turquie d'Asie ; le Gange et l'Indus, dans l'Inde ; le Hoan ou la rivière Jaune, et le Kiang, ou la rivière Bleue, dans la Chine ; l'Oby, le Lena et le Jenisea, dans la Tartarie.

L'Asie comprend la Turquie d'Asie, l'Arabie, la Perse, la Géorgie, la Grande-Tartarie, la Chine, le Mogol, l'Inde et les îles de la mer des Indes, dont les plus considérables sont : Candie, les îles Philippines, les îles Maldives, les îles Moluques, l'île de Java, de Ceylan, etc.

Les principales villes d'Asie sont : Smyrne, Burse, Angora, dans la Turquie d'Asie ; la Mecque, Médine, Moka, dans l'Arabie ; Théran, Ispahan, dans la Perse ; Pékin, Nankin, Canton, dans la Chine ; Delhy, la résidence ordinaire du grand-mogol, etc. Théran est aujourd'hui la résidence du sophi ou roi de Perse ; on y compte quarante mille âmes. Elle renferme un palais très-vaste. Ispahan était autrefois la capitale de ce royaume ; sa population est encore de deux cent mille âmes. Pékin, la capitale de la Chine, paraît renfermer six à sept cent mille habitans ; d'autres en portent le nombre beaucoup plus haut. C'est de la Chine que l'on tire l'encre de ce nom, dont on se sert pour dessiner, et ces belles porcelaines, parmi lesquelles on distingue les petites figures grotesques que l'on appelle communément *magots de la Chine.*

Egyptiens.

Hottentot

Negres

XXI.ᵉ LEÇON.

L'AFRIQUE.

L'AFRIQUE, cette troisième partie du monde, est plus petite que l'Asie et plus grande que l'Europe ; elle est moins peuplée et moins tempérée que les deux autres. L'Afrique, qui forme une vaste presqu'île, est jointe à l'Asie par l'isthme de Suez. Elle a au nord l'Europe, au sud l'Océan, à l'est l'Asie, et à l'ouest les îles du Cap-Vert et l'Amérique, dont elle est séparée par l'Océan Atlantique.

L'air y est généralement chaud et peu sain. Malgré la stérilité totale des plages de sable qui occupent une grande partie de l'Afrique, cette partie du monde doit être regardée comme fertile, puisqu'elle fournit du riz, du millet, du maïs et du manioc, des fruits excellens, du vin, des légumes savoureux, des arbres à épices, à gomme et à encens ; des bois de teinture, des forêts de palmiers, de cocotiers et de bananiers. Le territoire de l'Egypte est surtout fort productif. L'Afrique renferme beaucoup d'or, d'argent et de pierres précieuses ; du plomb, du fer et du cuivre ; du marbre, du granit et du salpêtre. On trouve en Afrique une multitude de bêtes féroces et sauvages, comme des lions, des léopards, des tigres, des éléphans, des rhinocéros, des chameaux, des autruches, des perroquets, des singes, des crocodiles, des ânes sauvages, etc. L'âne sauvage, ou le zèbre, est peut-être de tous les animaux quadrupèdes le mieux fait et le plus élégamment vêtu. Il a la figure et les graces du cheval, et la légèreté du cerf. Toute sa peau est rayée de rubans parallèles qui l'entourent et qui sont alternativement jaunes et noirs dans le mâle, et noirs et blancs dans la femelle.

Les Africains, en général farouches, cruels et grossiers, sont presque tous connus des autres nations sous le nom de *Maures* ou *Mores*. Ils ne sont cependant pas véritablement noirs; ils sont basanés, et les peuples qui sont de couleur noire sont appelés *nègres*.

Les principales parties de l'Afrique sont : l'Egypte, la Barbarie, la Nigritie, la Guinée, le Congo, la Cafrerie, l'Ethiopie, la Nubie, etc.

Alexandrie, ville autrefois très-célèbre et très-florissante, est le chef-lieu de la Basse-Egypte; sa population est de quinze mille habitans. Parmi les ruines dont Alexandrie est environnée, on remarque de beaux restes d'antiquités, tels que les obélisques de Cléopâtre, des colonnades, un amphithéâtre, la colonne de Pompée, monument en granit de la hauteur de quatre-vingt-quinze pieds, etc.

Le Caire, grande ville à une demi-lieue du Nil, est le chef-lieu de la moyenne Egypte;

Mexicains.

Canadiens

Brésiliens.

on y compte deux cent cinquante mille habitans. Elle est surtout célèbre par ses *caravanes*. Les caravanes sont composées d'une
grande quantité de personnes qui voyagent
ensemble, soit à pied, soit à cheval, ou sur
des chameaux, pour les affaires de leur commerce, ou pour les pélerinages que l'on fait
chaque année à la Mecque.

La haute Egypte a de gros bourgs et peu de
grandes villes.

Les principales villes des autres parties de
l'Afrique sont : Tripoli, Tunis, Alger, Ma-
roc, etc.

Les principaux fleuves sont : le Nil, qui
arrose l'Egypte ; le Sénégal ; le Niger, qui
traverse la Nigritie ; le Zaïre, le Zambèze ou
Cuama.

XXII.e LEÇON.

L'AMÉRIQUE.

L'AMÉRIQUE, cette quatrième partie du
monde, qui offre à elle seule autant d'étendue
que les trois autres réunies, fut découverte en
1492 par Christophe Colomb.

On divise l'Amérique en septentrionale et
en méridionale. Ces deux parties sont jointes
l'une à l'autre par l'isthme de Panama.

L'Amérique septentrionale comprend le
Mexique, la Californie, la Louisiane, la Vir-

ginie, le Canada et la Terre-Neuve; les îles
de Cuba, Saint-Domingue et les Antilles.

L'Amérique méridionale comprend la Terre-
Ferme, le Pérou, le Paraguay, le Chili, la
terre Magellanique, le Brésil et le pays des
Amazones.

Le Pérou, si renommé, est un pays d'où
l'on a toujours tiré beaucoup d'or et d'argent,
au moyen des mines qu'on y a découvertes et
que l'on fait exploiter par des naturels.

Les principales villes de l'Amérique sont:
Mexico, chef-lieu du Mexique, Lima, Quito,
Cusco, villes du Pérou; Philadelphie, capi-
tale des États-Unis; Quebec, chef-lieu du
Canada; Rio-Janéiro ou Saint-Sébastien, ca-
pitale du Brésil, etc.

La population de Philadelphie est de quatre-
vingt mille âmes. La plupart de ses habitans,
comme tous ceux des villes de l'Amérique
appartenant aux États-Unis, sont en grande
partie des Européens, ou des descendans
d'Européens qui parlent anglais. Il y a cependant dans ce pays beaucoup d'esclaves
nègres. Rio-Janéiro a trente mille habitans.
Cette ville, qui a un beau port, est l'entre-
pôt des richesses de tout le Brésil.

L'Amérique se trouvant située sous trois
zones différentes, l'air n'y est pas le même
partout. Il est froid au nord de la Nouvelle-
France ou Canada, et aux environs du détroit de Magellan; tempéré dans la Louisiane et au Paraguay; et fort chaud dans la

Castille d'or, dans la Nouvelle-Espagne et aux îles Antilles.

Le terroir de l'Amérique serait très-fertile s'il était cultivé. Le principal commerce de cette partie du monde consiste en sucre, en café, en tabac, en indigo, en cacao, en bois de teinture et de construction, et en pelleterie. Il y a des mines d'or, d'argent et de pierres précieuses ; des animaux de toutes les espèces que nous avons en Europe, et de plusieurs autres espèces que nous n'avons pas. On y trouve le colibri, qui est un très-petit oiseau dont le plumage offre l'éclat des plus belles pierreries. On prétend que ces oiseaux, même desséchés, font un ornement si brillant, que quelquefois les femmes du pays les suspendent à leurs oreilles de la même façon que nos dames le font des diamans.

On distingue en Amérique quatre espèces de peuples : 1.° les Européens qui s'y sont établis ; 2.° les métis ou créoles, qui y sont nés des Européens et des Américaines, ou des Américains et des Européennes : 3.° les nègres qui y sont venus d'Afrique ou d'Asie ; 4.° les sauvages ou les naturels de l'Amérique, qui vivent de la chasse et de maïs ou blé d'Inde. Ces derniers sont fort basanés, ou, pour mieux dire, couleur de cuivre rouge.

Les principales rivières dans l'Amérique septentrionale sont la rivière de Saint-Lau-

rent et le Mississipi, et dans l'Amérique méridionale la rivière des Amazones et celle de
la Plata ou d'Argent. On a donné à un grand
fleuve qui prend sa source au Pérou, le nom
de rivière des Amazones, parce qu'on y vit
des femmes armées : c'est le plus grand fleuve
du monde.

XXIII.ᵉ LEÇON.

Indes occidentales.

On comprend sous ce nom une foule d'îles
situées dans l'Océan Atlantique, le long de
l'Amérique. La plupart sont incultes, et lais-
sent apercevoir des traces de feux volca-
niques ; ce qui ferait croire qu'autrefois elles
faisaient partie du continent, et que de vio-
lentes commotions les en ont détachées. On
divise ces îles en trois groupes, les *Antilles,*
les *Bahamas,* et les *Bermudes.*

Les premières, situées sous la zone torride, ont un climat chaud et malsain. Elles
produisent en abondance du tabac, du cacao,
du roucou, de l'indigo, du coton, du sucre
et du café.

Les îles Bahamas ont un climat plus sa-
lubre, et un sol assez fertile. Elles exportent
beaucoup de grains. Ces îles sont au nombre
de sept cents ; sept seulement sont cultivées :
les autres ne sont que des pointes de rocher.

Les îles Bermudes, au nombre de quatre cents., sont la plupart petites et stériles.

Iles de la mer des Indes et de l'Océan.

Le grand Océan renferme des groupes d'îles considérables ; le nombre de ces îles s'élève à plusieurs milliers.

Les îles *Laquedives*, très-nombreuses, mais fort petites, ne sont presque pas connues.

Les *Maldives*, la plupart inhabitables à cause du flux de la mer, renferment beaucoup de cocotiers ; elles exportent une grande quantité de *cauris*, ou petites coquilles, dont on se sert dans l'Inde comme de la monnaie.

L'île de *Ceylan* est fort étendue, très-riche, et fait un commerce considérable. Elle renferme des pierres précieuses, des cristaux, des perles ; on y trouve beaucoup de cocotiers et de betel, et de vastes plantations de canelliers. Les éléphans, les tigres, les bœufs sauvages, le cheval, le serpent, les poissons et les oiseaux surtout abondent dans cette île. Candie, sa capitale, est assez bien bâtie. L'île de Ceylan offre en général des monumens d'architecture remarquables, tels que des palais construits en marbre, des temples avec des colonnades, des ponts en pierre de taille, etc. ; ce qui prouve qu'autrefois ce pays a été très-civilisé.

Parmi les autres îles que renferme encore en quantité l'Océan, on distingue les îles

Moluques, la *Nouvelle-Bretagne* et la *Nouvelle-Hollande*, etc. Toutes ne sont pas également fertiles, et quelques-unes ne sont pas encore bien connues.

Voilà mes enfans, les premières notions qu'on pouvait vous donner de la géographie. Elles suffiront sans doute pour vous inspirer le goût d'une science dont la counaissance est aussi utile qu'agréable.

FIN.

VERSAILLES, IMPRIMERIE DE VIRY.

www.ingramcontent.com/pod-product-compliance
Lightning Source LLC
LaVergne TN
LVHW020044090426
835510LV00039B/1406